Neuseeland

lieben lernen

Der perfekte Reiseführer für einen unvergesslichen Aufenthalt in Neuseeland inkl. Insider-Tipps und Packliste

Tatjana Wallbrück

✈ INHALT

Vorwort

In diesem Buch erwartet Sie spannendes Wissen rund um Neuseelands Natur, welches Sie sich vor einem Besuch in diesem Land unbedingt aneignen sollten. Außerdem wird von der Geschichte Neuseelands gesprochen, von der Entdeckung, aber auch über die Eigenarten von den Einheimischen vor Ort. Verpassen Sie keinen der Insider-Tipps, die extra für Sie gesammelt und bereitgestellt wurden.

Haben Sie mal in der Nacht in die Sterne geschaut und sich gefühlt, als könnten Sie das ganze Universum sehen? Die Milchstraße war Ihr ständiger Begleiter bei nächtlichen Wanderungen am

Strand entlang? Neuseeland lockt die Touristen nicht nur mit einer wunderschönen Natur, wie Regenwäldern mit Wasserfällen oder kilometerlangen, weißen Stränden, sondern auch mit freundlichen, hilfsbereiten Einwohnern, die nichts lieber möchten, als Ihnen noch ein wenig mehr von Neuseelands Geheimnissen zu erzählen.

Es ist alles andere als verwunderlich, dass sich so viele Menschen dazu entscheiden, dieses wundervolle Land zu bereisen. Oft wird im Nachhinein gesagt: „Ach, hätte ich doch mehr Zeit dort gehabt!". Doch stressen lassen sollte man sich überhaupt nicht. Dieses Land bietet so viel an Abwechslung, dass gleich mehrere Urlaube hierher geplant werden können, auch wenn die vermeintlich schönsten Orte bereits besichtigt wurden. Doch bei jedem Besuch, wie ich es am eigenen Leibe erfahren habe, gibt es Neues zu entdecken, neue Menschen kennenzulernen und Orte zu finden, die so unberührt aussehen, als sei nie ein Mensch vor mir dort gewesen.

Niemand kann nachvollziehen, was für eine Unbeschwertheit in der Luft Neuseelands liegt, der nicht selbst dort gewesen ist. Es scheint, als würden alle Sorgen dahinfliegen, wenn die Sonne über dem

Meer am Horizont nach einer stillen Nacht zu sehen ist. Jeder Tag bringt neue Abenteuer, die nur darauf warten, erlebt zu werden. Es scheint, als sei nirgendwo sonst auf der Welt das Leben so spürbar wie in den Regenwäldern Neuseelands, in denen Tiere leben, die Sie nie zuvor gesehen haben und Vögel zwitschern, deren Stimmen Sie nie zuvor gehört haben.

Neuseeland im Überblick

Neuseeland begeistert seit der Entdeckung durch den Engländer Abel Tasman die ganze Welt. Durch die einzigartige und vielseitige Natur, die unglaublich freundlichen Einheimischen und die vielen Attraktionen, die von heißen Quellen über Gletscher, bis hin zu „Black-Water-Rafting" in Glühwürmchenhöhlen reichen, werden immer mehr Touristen an diesen abgelegenen Ort im Südpazifik gezogen.

Neuseeland zählt zu den zuletzt entdeckten

Ländern dieser Erde. Gerade deshalb ist es so einzigartig dort. Viele Ecken sind noch fast unberührt und
unerforscht. Immer mehr Menschen verlieben sich
in diesen Ort und entscheiden sich dazu, genau hier
Urlaub machen zu wollen.

Die Besiedlung und Maori

Seit jeher reizt es Menschen aus aller Welt, das Land der vielseitigen Natur mit eigenen Augen zu sehen. Doch nicht nur Gletscher, riesige Seen, Regenwälder und Geysire locken die Touristen von überall, sondern auch Kiwis, Pinguine, Wale und Delfine hat das Land zu bieten. Ein Naturschauspiel wird geboten, welches niemand so schnell vergessen kann.

Bevor die Europäer Neuseeland erreichten, lebten seit circa dem 13. Jahrhundert die polynesischen

Maori hier. Sie lebten vom Fischfang, vom Sammeln von Beeren, der Jagd und vom Anbau von Süßkartoffeln. Doch durch fehlendes Wissen der Maori, ist ihnen die Ausrottung der flugunfähigen Vögel „Moa" zuzuschreiben. Sie stellten eine leichte Beute für die Jäger dar, ohne sich gegen die Eindringlinge wehren zu können. Die Maori hingegen hatten eine sichere und leicht zu beschaffene Nahrungsquelle, welche sie ausnutzten.

Heute ist vor allem die Kunst der Maori bekannt, die durch Tätowierungen des Gesichts und durch Tanz und Gesang ihren Ausdruck findet. Der sogenannte „Haka", der Kriegstanz der Maori, wird heute gerne in Neuseeland zur Begrüßung für Touristen angeboten und wurde vor allem durch die Nationalmannschaft im Rugby weltbekannt, welche den „Haka" zu Beginn eines Spiels vorführt, um dem Gegner Stärke zu symbolisieren. Die Tätowierungen im Gesicht zeigten unter anderem den sozialen Rang und den Status des Trägers. Auch heute tragen einige junge Neuseeländer ein eindrucksvolles Maori-Tattoo, um ihre Verbundenheit mit dem Land und der Kultur zum Ausdruck zu bringen.

Das in Nord- und Südinsel getrennte Land

wurde 1642 von dem holländischen Seefahrer Abel Janszoon Tasman erkundet. Erst 126 Jahre später, im Jahre 1769, als der Brite James Cook auf dieses Land stieß, wurden die Europäer jedoch wirklich aufmerksam. Ein Land voller Leben wurde ihnen beschrieben. Auch die Ureinwohner, die Maori, wurden nicht als Gefahr wahrgenommen. Hier sollte eine neue Kolonialisierung stattfinden.

Nachdem der Seefahrer James Cook die Insel umrundete und somit vorweisen konnte, dass es sich um eine eigene Insel und keinen Teil eines Kontinents handelte, wurde mit der genauen Kartographie Neuseelands begonnen. Schon bald siedelten sich europäische Wal- und Robbenfänger an. Später kamen auch Missionare dazu, um die christliche Religion unter allen zu verbreiten.

Erst 1931 erreichte Neuseeland die Unabhängigkeit von Großbritannien, welche unter anderem durch viele Kriege der Maori erreicht wurde. Seit 1974 ist jeder Neuseeländer ein Maori, der sich als einer fühlt. Dies sollte nun nicht mehr abhängig von der familiären Abstammung sein. Heute machen die Maori mit 565.000 Einwohnern etwa 14,6 % der gesamten Bevölkerung in Neuseeland aus.

Viele Aufzeichnungen der Maori gibt es nicht. Das meiste Wissen, welches heute in Museen weitergegeben wird, ist durch die mündliche Überlieferung weitergetragen worden. Wie in vielen Teilen der Welt haben auch die Maori noch heute mit Rassismus und sozialen Problemen zu tun. Selbst die Lebenserwartung eines Maori liegt deutlich unter der der „Nicht- Maori". Auch die Zahl der Einwohner ohne Schulabschluss liegt bei den Maori deutlich höher. Aus den zuletzt genannten Gründen ist es den Maori und auch der restlichen Bevölkerung Neuseelands so wichtig, dass über ihre Kultur gelehrt wird.

TATJANA WALLBRÜCK

Die beste Jahreszeit zum Reisen

Mit 1.600 Kilometern Länge befindet sich Neuseeland in zwei verschiedenen Klimazonen. Während im nördlichen Teil der Nordinsel subtropisches Klima herrscht, befindet sich der Süden der Nordinsel und die gesamte Südinsel in der gemäßigten Klimazone. Da Neuseeland auf der südlichen Welthalbkugel liegt, herrschen entgegengesetzte Jahreszeiten zu Europa.

Januar und Februar zählen zu den wärmsten Monaten im Jahr, Juni und Juli zu den kältesten.

Im Winter sowie im Sommer herrschen keine Extremtemperaturen, wie es zum Beispiel vom circa 4.000 Kilometer entfernten Kontinent Australien bekannt ist. Doch jeder Reisende, der einmal einen Sommer in Neuseeland verbracht hat, kann bestätigen, dass die starke Strahlung der Sonne auch die etwas milderen Sommertage erwärmt. Dies hängt nicht zuletzt an der verdünnten Ozonschicht über Neuseeland. Die Sonnenstrahlung ist tatsächlich stärker, als Sie es aus Europa gewohnt sind. Daher ist auch an milden Tagen und in den kälteren Monaten des Jahres immer an Sonnenschutz zu denken.

Selbst die Einwohner, die jahrelang in Neuseeland gelebt haben, unterschätzen die Sonnenstrahlung nicht. Das Hautkrebsrisiko ist auf der gesamten Welt in Neuseeland am höchsten. Aber keine Angst, das Eincremen ist schnell gemacht und die wärmende Sonne ist auch gut für die Gesundheit und vor allem für die Seele.

Von Dezember bis Februar herrschen Durchschnittstemperaturen von 21 bis 24 Grad Celsius. Viele Sonnenstunden und vorwiegend wenig

Niederschlag bestimmen den Sommer. Im Winter, also von Juni bis August, liegen die milden Temperaturen in Norden Neuseelands bei circa 10 bis 16 Grad. Im Süden hingegen wird die Skisaison eröffnet. Hier wird jährlich mit viel Frost und Schneefall gerechnet.

Da die meisten Touristen in Neuseeland nicht an einem Ort bleiben, sondern am liebsten so viel wie möglich sehen möchten, wird empfohlen, sich eine ungefähre Route vor Anreise zurechtzulegen, um nicht von plötzlicher Kälte oder Wärme überrascht zu werden. Vor allem an den Küsten wird jederzeit mit viel Wind gerechnet. Doch es lohnt sich auf jeden Fall einen Sommer wie auch einen Winter in Neuseeland mitzuerleben. Das ganze Jahr über bietet das Land unglaubliche Naturschauspiele und Attraktionen.

Die einzigartige Natur Neuseelands

FLORA UND FAUNA NEUSEELANDS

Um die Natur des Landes mit all seinen Besonderheiten vor Ort wirklich zu verstehen, wird ein wenig an Hintergrundwissen benötigt. Lassen Sie sich von der einzigartigen Natur Neuseelands verzaubern. Es gibt nur wenige Orte auf der Welt, an denen Sie wunderbare Bergpanoramen, uralte Naturwälder, vulkanisch geprägte Landschaften und atemberaubende Küsten innerhalb eines Tages erleben können. Neuseelands klimatische Bedingungen reichen von subtropisch im Norden bis kühl, gemäßigt oder alpin im Süden. Daher ist auch eine Fülle an verschiedenen Lebensräumen dort anzutreffen. Die Vegetation Neuseelands ist einzigartig, denn ungefähr 85 Prozent der 2.300 einheimischen Pflanzenarten sind endemisch, was bedeutet, dass sie sie nur hier vorkommen.

Dadurch, dass sich Neuseeland erdgeschichtlich früh von den anderen Kontinenten abgetrennt hat, konnte sich im Laufe der Jahrmillionen eine auf der Welt einmalige Tier- und Pflanzenwelt entwickeln. Dies kam insbesondere der Vogelwelt zugute, da es grundsätzlich keine Säugetiere, also Räuber, auf Neuseeland gab und diese erst mit dem Menschen auf die Inseln gelangten. Denn vor der Ankunft der Menschen war Neuseeland eine Welt der Vögel und Pflanzen. Mit der Besiedlung der Menschen gelangten auch Säugetiere wie Opossums, Ratten und Wiesel auf die Insel, welche die einheimischen Vogelbestände dezimierten. Da es auf den Inseln keine Fressfeinde gab, haben viele Vogelarten Neuseelands die Fähigkeit zu fliegen im Laufe der Evolution verloren. Das beste Beispiel sind hier wohl die „Kiwis", welche zu den Laufvögeln gehören und nur in Neuseeland vorkommen. Aber auch heute noch findet man eine einzigartige Vogelwelt vor, welche sich bei genauem Hinsehen und vor allem Hinhören offenbart.

Der Kiwi ist ein Nationalsymbol Neuseelands. Hier ist nicht etwa die Frucht gemeint, die an Bäumen ebenfalls in Neuseeland zu finden ist, sondern der kleine Laufvogel. Er ist ein nachtaktives Tier, welches sich heimlich und im Schutze der Dunkelheit in den Wäldern auf die Nahrungssuche begibt. Obwohl sie nachtaktiv sind, können sie unheimlich schlecht sehen. Riechen können sie dafür aber umso besser. So erschnuppern sie sich ihren Weg in der Dunkelheit sowie ihre Nahrung, die aus Regenwürmern und verschiedenen Insekten besteht. Mit einer Körpergröße von etwa 30 Zentimetern legen die Kiwi-Weibchen gewaltige Eier von bis zu 13 Zentimetern Länge und 8 Zentimetern Breite. Im Verhältnis zur Körpergröße gesehen ist dies das größte Ei eines Vogels auf der Erde.

Auch das Äußere der Kiwis ist anders. Seine Federn ähneln eher kurzen Haaren. Er legt seine Nester nicht wie andere Vögel an, sondern gräbt Höhlen. Der Kiwi gilt als bedroht, denn nur etwa fünf Prozent der Küken erreichen das Erwachsenenalter. Einst waren viele Millionen Kiwis in Neuseelands Wäldern unterwegs, heute ist die Population auf knapp 70.000 geschrumpft und jedes Jahr sinken die Zahlen weiter.

Möchten Sie die Kiwis in freier Wildbahn bestaunen, sollten Sie eine nächtliche Kiwi-Wanderung nicht verpassen. Sehr zu empfehlen ist der ökotouristische Veranstalter „Okarito Kiwi Tours". Das kleine Dorf Okarito befindet sich circa 90 Minuten Autofahrt nördlich von Haast in der Nähe des Franz-Josef-Gletschers. Zu Anfang gibt es eine unterhaltsame Einführung über die dort lebenden Kiwis und die notwendigen Verhaltensweisen, um die Tiere nicht zu erschrecken. Die Tour dauert ungefähr drei bis fünf Stunden und findet in Kleingruppen statt. Während der Wanderung wird auch nach anderen Vögeln, wie dem sehr seltenen Farnsteiger oder dem Morepork, einer sehr kleinen in Neuseeland und Australien vorkommenden Eule, Ausschau gehalten.

Neuseelands einmalige Pflanzenwelt ist besonders dort beeindruckend, wo sie wie unberührt erscheint und auch teilweise noch erhalten ist. Auf der Südinsel kann man in einigen Nationalparks noch Relikte des gemäßigten Regenwalds finden. Wer die hohen Temperaturen eines tropischen Regenwaldes nicht verträgt, ist hier genau richtig aufgehoben, denn ein gemäßigter Regenwald zeichnet sich neben der Menge an Regen auch durch die kühleren Temperaturen aus. So können auch Wanderungen im Regenwald (fast) schweißfrei absolviert werden. Die Regenwälder Neuseelands werden typischerweise von Scheinbuchen und Steineibengewächsen dominiert. Auch typisch für diese Wälder sind die mehrere Meter hohen Baumfarne.

Beinahe an der gesamten westlichen Küstenregion der Südinsel Neuseelands findet man den gemäßigten Regenwald. Die Südinsel ist im Gegensatz zur Nordinsel sehr viel dünner besiedelt. Hier finden Sie wilde und ursprüngliche Naturlandschaften.

Der „Tane Mahuta Baum" im Waipoua Forest auf der Nordinsel ist eine beeindruckende Erscheinung. Er ist über 51 Meter hoch und misst 13,8 Meter im Umfang. Sein Alter ist zwar unbekannt, wird aber auf über 2.000 Jahre geschätzt. Seinen Namen hat der „Tane Mahuta Baum" den Ureinwohnern Neuseelands zu verdanken. Er bedeutet „Gott des Waldes".

Ganz Neuseeland ist verhältnismäßig gesehen eher dünn besiedelt. Etwa ein Prozent der gesamten Landfläche wird von Siedlungen eingenommen. Die

Landesfläche wird hauptsächlich für die Landwirtschaft genutzt. Die Flächen bestehen größtenteils aus Weideland zur Nutztierhaltung von Schafen und Rindern. Diese machen einen Anteil von ungefähr 50 Prozent aus. Der Anteil an natürlichen Waldgebieten nimmt etwa 30 Prozent der Landesfläche ein. Gerade die Ursprünglichkeit dieser Wälder ist etwas ganz Besonderes, denn einige davon haben noch nie eine Axt gesehen.

Neuseeland ist bekannt für seine Merino-Schafe und deren Wolle. Im Laufe der Siedlungsgeschichte mussten allerdings weite Landstriche an Waldfläche den Weiden weichen. Betrachtet man die Statistiken der Behörden, so leben in Neuseeland 4,9 Millionen Neuseeländer und 27,6 Millionen Schafe. So kommen auf einen Neuseeländer etwa 6 Schafe. Im Jahr 1982 waren es sogar 70 Millionen Schafe, aber die sinkenden Preise für Wolle, eine Trockenheit in den 1990er Jahren sowie Flächenkonkurrenz mit Milch- und Forstwirtschaft sorgten für einen Rückgang der Zahlen.

ABEL-TASMAN-NATIONALPARK

Im Abel-Tasman-Nationalpark können Sie entspannte Stunden am Strand verbringen, aber auch eine traumhafte Natur und Abenteuer erleben. Kristallklares Wasser und Küstenlebensräume, die der Meerestierwelt ein Zuhause bieten, sind nur zwei der vielen Highlights des Abel-Tasman-Nationalparks. Dazu ist er vor allem für seine goldfarbenen Sandstrände und eine Vielzahl an kleinen Buchten bekannt. Er befindet sich an der Nordküste der Südinsel zwischen den beiden großen Buchten „Golden Bay" und „Tasman Bay".

Das Klima hier in der Küstenregion ist mit etwa 2.200 Sonnenstunden pro Jahr sehr mild, angeblich das mildeste in ganz Neuseeland! Der Abel-Tasman-Nationalpark ist zwar flächenmäßig gesehen der kleinste Nationalpark in ganz Neuseeland, jedoch haben Sie das Gefühl, der abgeschiedenen Natur hier nahe zu sein. Hier befindet sich der Abel-Tasman-Coast-Track, ein Wanderweg, der über eine Strecke von etwa 60 Kilometern entlang der Küste durch den Nationalpark führt. Der gesamte Track ist etwa in drei bis fünf Tagen zu bewältigen. Es können aber auch einzelne Stationen mit dem Wassertaxi angefahren werden, sodass es auch möglich ist, nur Abschnitte des Tracks zu wandern.

Da der Park komplett frei von Straßen und Autos ist, können Sie die pure Natur in vollen Zügen genießen. Viele der Tagesausflügler beziehen ihre Unterkunft in Kaiteriteri. Dies ist zwar nicht der nächstgelegene Ort zum Eingang des Nationalparks, allerdings verfügt der Ort über eine ausgeprägte touristische Infrastruktur. Entlang des Tracks gibt es mehrere Hütten, in denen Sie übernachten können. Viele Wanderer ziehen es allerdings vor zu zelten. Auch Zeltplätze gibt es einige entlang des Tracks, an denen Sie zum Rauschen der Wellen einschlafen und zu magischen Sonnenaufgängen aufwachen können. Der Zeltplatz am „Onetahuti Beach" ist einer der besten, denn hier warten weitere Attraktionen, wie zum Beispiel Glühwürmchenhöhlen, auf Sie! Falls Sie in einem luxuriösen Hotel eine Nacht verbringen möchten, ist die Awaroa Lodge sehr zu empfehlen. Hier handelt es sich um eine moderne Ecolodge mit Restaurant und Bar (vier Sterne!).

Um den Track wandern zu dürfen, muss dieses im Vorfeld bei dem „Department of Conservation" (DOC) beantragt werden, was allerdings einfach und unkompliziert im Internet zu erledigen ist. Wenn Sie den Abel-Tasman-Nationalpark auf eigene Faust erkunden möchten, können Sie die Verfügbarkeit online prüfen und die Buchung vornehmen. Ihnen steht allerdings auch die Möglichkeit offen, eine Tour bei einem spezialisierten Reiseanbieter zu buchen. Hier gibt es viele Angebote, die Wandern und Kajakfahren kombinieren.

STEWART ISLAND

Falls die Zeit und das Budget es hergeben, ist Stewart Island der perfekte Ort, um abgelegene Strände und Ruhe ringsum zu genießen. Stewart Island ist die drittgrößte Insel Neuseelands und liegt circa 30 Kilometer südlich der Südinsel. Die Insel ist nach dem schottischen Kartographen William Stewart benannt, der als Erster die Insel auf Papier so festhielt. In der Maori- Sprache heißt sie „Rakiura", was so viel bedeutet wie „glühender Himmel".

Die Insel ist so gut wie reiner Urwald. Nur in dem kleinen Ort „Oban", welcher in der „Halfmoon Bay" liegt, leben derzeit circa 400- 600 Einwohner. Nur in diesem Ort gibt es Straßen, außerhalb des

Ortes ist es untersagt, mit dem Auto zu fahren. Einige Wanderer machen es sich zur Aufgabe, die Insel zu Fuß zu durchstreifen und zu erkunden. Von „Bluff", einem kleinen Ort am südlichsten Ende der Südinsel Neuseelands, fahren täglich zwei Fähren zur Stewart Insel. Falls Sie sich daher entscheiden, über Nacht auf Stewart Island zu bleiben, gibt es im Ort „Oban" mehrere Schlafgelegenheiten und auch einen Supermarkt. Sie sollten allerdings auch hier rechtzeitig an eine Buchung oder Reservierung denken, damit sich die Überfahrt für Sie lohnt.

Im 19. Jahrhundert wurde mehrmals versucht die Insel zu besiedeln, doch durch die Abgelegenheit konnten sich Fischfangstationen und Sägemühlen nicht wirklich etablieren. Heute gehören etwa 84 Prozent der Insel zu dem Rakiura Nationalpark und stehen somit unter Naturschutz. Dies ist auch vor Ort zu sehen und vor allem zu hören (oder nicht zu hören). Dadurch, dass nur in dem kleinen Ort Oban Autos fahren dürfen, kann die Ruhe auf dem Rest der Insel vollends genossen werden. Auch die Tiere profitieren von dieser Stille.

Durch eine warme Strömung aus Australien, direkt von dem Great Barrier Reef ausgehend, ist das

Wasser an der Küste der Insel sehr klar und hat eine große Artenvielfalt von Fischen aufzuweisen. Auch an Land gibt es noch seltene Tierarten, wie zum Beispiel den südlichen Streifenkiwi und den Gelbaugenpinguin.

Wanderwege reichen von fünf Minuten bis hin zu vier bis fünf Stunden. Da die Natur zu Fuß am besten erkundet werden kann, sollte nicht darauf verzichtet werden. Doch durch das durchwachsene Wetter und die sehr bergige Landschaft, können die Wanderwege matschig sein und es sollte in jedem Fall auf geeignete Ausrüstung, wie festes Schuhwerk und Regenjacke für eventuelle Schauer, geachtet werden. Um das maximale Erlebnis der Natur zu bekommen, können Wanderungen von bis zu zehn bis zwölf Tagen um die ganze Insel gemacht werden. Hier sollten allerdings gute Erfahrungen im Wandern vorausgesetzt sein und ausreichend Proviant und Trinkwasser sowie Schlafmöglichkeiten geplant werden.

Religion, Sprache und Währung

Die Mehrheit der Neuseeländer, etwa 55 Prozent, bekennt sich dem Christentum an. Auch die von den Maori gegründeten Kirchen, die „Ringatu-" und „Ratana-" Kirchen, zählen zum Christentum. Mit circa einem bis drei Prozent der Bevölkerung sind auch der Hinduismus, der Buddhismus und der Islam nennenswert. 24 Prozent der Gesamtbevölkerung bekennen sich keiner Konfession an. Dies ist im Gegensatz zum Rest der Welt überdurchschnittlich viel.

Die traditionelle Religion der Maori beschreibt keinen Unterschied zwischen der diesseitigen und der jenseitigen Welt. Es wird von sogenannten Geisterwesen und Schutzgöttern gesprochen, die Einfluss auf die Natur und alles Leben der Welt haben. Durch Träume und Vorstellungen der Maori haben sich göttliche Figuren mit Vogel- und Reptilienköpfen verbreitet. Diese sind auch in Kunstwerken und Holzschnitzereien zu erkennen.

Es gibt laut Überlieferungen einen Gott der Bäume und Wälder, der als „Tane" bekannt ist. Er würde durch das Wachsen der Bäume den Himmel von der Erde trennen. Die Erde sei durch den Gott der Meere, den „Tangaroa" entstanden. Die Maori stellten sich die Erde als Ei vor, aus dem dieser Gott geschlüpft sei. Die obere Hälfte der gebrochenen Schale sei heute der Himmel und der untere Teil die Erde. Die genannten Kirchen „Ringatu" und „Ratana" entstanden aus einer Bewegung des 19. Jahrhunderts, in denen einige Maori versuchten, die christliche Religion mit der traditionellen Maori-Religion zu verknüpfen. Zuerst wurden solche Neuschöpfungen von Religionen von den europäischen Besiedlern unterbunden, weshalb sich heute vielleicht nur etwas unter zwei Prozent der Neuseeländer zu diesen religiösen Bewegungen bekennen.

In der Welt ist bekannt, dass in Neuseeland englisch gesprochen wird, dabei wissen die Wenigsten, dass Englisch noch nicht lange zu den offiziellen neuseeländischen Amtssprachen zählt. „Te-Reo-Maori" wird die Sprache der Ureinwohner, der Maori, genannt. Als weitere Amtssprache wird seit 2006 die neuseeländische Gebärdensprache aufgelistet, was in dieser Art weltweit einmalig auftritt. Es sprechen circa 96 Prozent der Neuseeländer Englisch, was auf die Kolonialzeit zurückzuführen ist.

Die wenigsten Neuseeländer verstehen „Te-Reo-Maori" oder können es gar sprechen, trotzdem sind zum Beispiel alle Verkehrsschilder oder Städtenamen auch in die Sprache der Maori übersetzt. Damit die Sprache nicht über Jahrhunderte hinweg verloren geht, wird in vielen Schulen angeboten, diese Sprache als Unterrichtsfach zu wählen.

Als erstes maorisches Wort können Sie „Aotearoa" in Ihren Wortschatz aufnehmen. Dies kann als die lange, weiße Wolke übersetzt werden und steht für Neuseeland.

Die Aussprache der neuseeländischen

englischen Sprache wird gerne mit der australischen gleichgesetzt. Die Betonung ist zwar nicht so unterschiedlich, wie es zum Beispiel bei dem britischen und amerikanischen Englisch auffällt, dennoch können auch hier Unterschiede erkannt werden.

Die deutsche Sprache wird nicht bei Auflistungen genannt, da sie nur einen sehr geringen Anteil ausmacht. Beim Durchqueren des Landes fällt allerdings schon auf, wie viele Deutsche sich Neuseeland als Reiseziel aussuchen.

Als Währung hat sich der Neuseeland-Dollar durchgesetzt und wird als NZD abgekürzt. In Euro kann der neuseeländische Dollar relativ leicht umgerechnet werden. Ein neuseeländischer Dollar macht 0,59 Euro aus, somit etwas mehr als die Hälfte. Außer in zum Beispiel kleineren Second-Hand-Shops und kleinen Cafés wird zum größten Teil mit einer EC-Karte bezahlt. Doch durch viele, öffentlich leicht zugängliche Bankautomaten in den Städten, ist es einfach, wenn doch etwas Bargeld benötigt wird.

Die Eigenarten der Neuseeländer

Die Einwohner Neuseelands sind für ihre Freundlichkeit und Offenheit anderen gegenüber bekannt. Sie wurden von Touristen nach dem nur in Neuseeland vorkommenden Laufvogel „Kiwi" benannt. Mit der Zeit bürgerte sich dieser Begriff ein und heute bezeichnen sich die Einwohner Neuseelands selbst als „Kiwi".

Die Neuseeländer machen sich nicht viel aus Statussymbolen oder Geld. Dies wird auch bei ihrer Kleiderwahl deutlich. Das beliebteste Schuhwerk im

Sommer sind die Flipflops, die zu allen Anlässen, sogar zur Arbeit, getragen werden. Es ist nicht unüblich, dass die „Kiwis", ganz wie ihre tierischen Namensgeber, auch ganz ohne Schuhe unterwegs sind. So wird es vorkommen, dass Sie die Einheimischen zum Beispiel bei Einkäufen in den Supermärkten barfuß antreffen werden.

Die Küche Neuseelands wird von allen Neuseeländern heiß geliebt. „Pies", die mit Hackfleisch, Schinken und Ei oder sogar Kartoffelpüree gefüllten Teigtaschen, sind weit verbreitet und können schon für den Ofen fertig im Kühlregal gekauft werden. Wenn Sie die Chance dazu haben, einen selbstgemachten, originalen „Pavlova" zu probieren, sollten Sie nicht zögern zu probieren. Diese Torte aus Baiser ist meist mit Sahne und Früchten gefüllt und gerade zu der warmen Jahreszeit um Weihnachten sehr begehrt.

Im Supermarkt werden Sie eventuell auf ein sogenanntes „Hokey Pokey"-Eis oder Bonbons stoßen. Diese karamellähnlichen Süßwaren sind nur in Neuseeland verbreitet. Auch der Softdrink „L&P" wird Ihnen auffallen. Die nur in Neuseeland erhältliche, süße Zitronenlimonade wird von allen

Neuseeländern geliebt; vor allem jedoch von den Kindern.

Die Sprache der Neuseeländer kann zuerst verwirrend sein. Unter dem neuseeländischen Slang versteht man nicht nur, dass viele Buchstaben anders ausgesprochen werden als bei dem in Deutschland gelehrten britischen Englisch, sondern auch, dass sich viele Redewendungen eingebürgert haben, die beim ersten Hinhören eine andere Bedeutung haben könnten. „Cheers" zum Beispiel wird nicht nur zum Anstoßen mit Getränken benutzt, sondern findet große Anwendung als „Danke". Doch dies wird eher als Wort nebenbei verwendet. Wenn Sie wirklich Ihre Dankbarkeit ausdrücken möchten, verwenden Sie lieber „Thank you very much" (deutsch: „Vielen Dank").

Sie sollten sich auch nicht merkwürdig vorkommen, wenn ein wildfremder „Kiwi" Sie „Bro" (deutsch: „Bruder") nennen sollte. Dieser Ausdruck wird gleichgesetzt mit „Mate" (deutsch: „Kumpel"), was unter den offenen Neuseeländern auch zu Fremden gesagt wird. Auch den Ausruf „Bugger!" werden Sie hin und wieder zu Ohren bekommen. Hier ist etwas wie „Mist" gemeint, wenn sich ein Neuseeländer ärgert. Ein kurzer Satz, der im neuseeländischen Slang so gut wie immer gesagt wird, ist „Sweet as". Er wird benutzt um „Prima" oder „Sehr gut" zu sagen, aber auch als „Kein Problem" oder „Ich verstehe".

Sobald Sie mit einem Neuseeländer sprechen werden, wird Ihnen auffallen, wie gutmütig und warmherzig sie sind. Sie scheuen sich aber nicht davor, dem Gegenüber ihre klare Meinung mitzuteilen, sei sie gut oder auch schlecht. Im Gegensatz zu den Deutschen ist dies eine erfrischende, offene Haltung allen neuen Dingen gegenüber.

Die größten Städte Neuseelands

AUCKLAND

Mit mehr als 1,4 Millionen Einwohnern ist Auckland die größte und einzige Millionenstadt Neuseelands. Sie ist auf der Nordinsel gelegen und zieht nicht nur Touristen, sondern auch Einwohner an, um hier arbeiten zu können. Etwa ein Drittel der neuseeländischen Bevölkerung lebt aktuell in Auckland. Die „City of Sails", was übersetzt die Stadt des Segels bedeutet, liegt nah an der Küste und hat ihren Beinamen durch die unzähligen Segelschiffe, die in der geschützten Bucht Aucklands verweilen.

Da Auckland die größte Stadt Neuseelands ist, gibt es dementsprechend viele Sehenswürdigkeiten zu begutachten. Das „Auckland-War-Memorial"-Museum lehrt über die Geschichte und Kultur der Maori und ist für Jung und Alt sehr sehenswert.

Das Wahrzeichen Aucklands sollte auch seine Aufmerksamkeit erhalten. Der 1997 eröffnete Turm ist das größte Gebäude ganz Ozeaniens. Die besten Restaurants und Bars befinden sich hier oben und geben am Tag und bei Nacht einen atemberaubenden Ausblick auf die Stadt.

Der Auckland-Zoo ist ebenfalls bekannt im ganzen Land und hat neben einheimischen Tieren, wie den Papageien „Keas" und den weltweit einmaligen „Kiwis", auch Tiere und Pflanzen aus Australien, Asien und vielen weiteren Kontinenten und Ländern.

In der Nähe der Stadt befinden sich Strände, die zum Baden, Sonnen und Surfen einladen. Mit Sicherheit ist zu sagen, dass Ihnen in Auckland nicht so schnell langweilig wird. Auch das Nachtleben ist hier so aufregend, wie nirgendwo sonst im ganzen Land.

Restaurants gibt es unzählige in der Stadt und in der Umgebung. Sie haben die Auswahl zwischen

Küchen aus fast der ganzen Welt. Das unter den Touristen beliebteste Restaurant in Auckland ist das „The Grove Restaurant", welches in der Innenstadt nahe der Queens Street gelegen ist. An eine Reservierung sollten Sie einige Zeit vorher denken, da es zu den üblichen Abendzeiten schnell ausgebucht sein könnte.

Wieso die größte Stadt Neuseelands nicht die Hauptstadt ist, wird von vielen Besuchern gefragt. Doch nicht nur die Größe einer Stadt trägt zur Entscheidung bei, sondern auch das Erreichen über einen Schiffsweg und über Straßen ist besonders wichtig. Daher wurde damals entschieden, dass eine Stadt mittig gelegen in Neuseeland, die die Nord- und Südinsel verbindet, passender als Hauptstadt geeignet sei, als die Großstadt Auckland. Diese Stadt sollte Wellington sein.

WELLINGTON

Wellington ist seit 1865 die Hauptstadt Neeseelands und liegt an der südwestlichen Küste der Nordinsel und verbindet durch die großen, öffentlichen Fähren die Nord- und Südinsel des Landes miteinander. Mit 191.000 Einwohnern ist Wellington die drittgrößte Stadt hinter Auckland und Christchurch.

Wer durch die Innenstadt schlendert wird schnell merken, dass sich hier viele junge Menschen aufhalten und dass sich die Stadt in eine alternative Richtung entwickelt hat. Die Stadt gilt als kulturelle Hochburg des Landes und hat unter anderem das Nationalmuseum „Te Papa Tongarewa" und die National Library zu bieten. Zwei Mal im Jahr findet das bekannte „Festival of The Arts" in Wellington statt, welches viele Besucher anlockt.

Mit 25 Hektar Land kann der botanische Garten Wellington zum Strahlen bringen. Die urwaldähnliche Landschaft sorgt für viele Besucher. Nicht nur Touristen möchten die wechselnden Ausstellungen anschauen, sondern auch Einheimische begeben sich gerne hierher, um spazieren oder joggen zu gehen. Auch für die Jugendlichen ist der botanische Garten ein beliebtes Anlaufziel, um sich mit

Freunden zu treffen.

Nur etwa zehn Minuten vom Stadtinneren entfernt befindet sich der Vogelpark „Zealandia: The Karori Sanctuary Experience", in dem viele einheimische Vögel ganz ohne Netz frei leben. Hier werden interessante, geführte Touren durch den Park angeboten, doch auch ohne Führung ist der Vogelpark ein Must-See in Wellington. Am Ausgang des Parks befindet sich noch ein kleines Museum, welches die Naturgeschichte Neuseelands darstellt.

Wer nicht gerne zu Fuß geht, kann mit dem Cable Car zum botanischen Garten fahren. Die Abfahrtszeit ist je nach Saison unterschiedlich und sollte daher vorher geprüft werden. Sehr beliebt ist auch der circa halbstündige Aufstieg auf den Mount Victoria, welcher einen 360 Grad Rundumblick auf die ganze Stadt bietet.

CHRISTCHURCH

Häufig startet die Reise durch Neuseeland in Christchurch. Gehäuft kamen in der letzten Zeit unangenehme Nachrichten aus dieser Stadt durch die ganze Welt. Doch heute möchten nicht nur Sie sich auf das Positive besinnen, sondern auch die Einwohner Christchurchs: Auf die einzigartige Stadt.

Christchurch ist die größte Stadt auf der Südinsel Neuseelands und liegt an der östlichen Küste in der Region Canterbury. Die Stadt mit ihren circa 342.000 Einwohnern ist bekannt durch ihren ständigen Wechsel, obwohl sie die älteste Stadt Neuseelands ist. Gegründet wurde sie 1856 und es ist unschwer zu erkennen, dass ein britischer Stadtplaner seine Hände im Spiel hatte: Fast ausnahmslos sind Namen von Straßen, Gebäuden und auch dem Fluss nach englischem Vorbild ausgewählt.

Auch Christchurch beherbergt viele Museen, unter anderem das kostenfreie Canterbury Museum. Ein Besuch der Kunstgalerie ist ebenfalls ein Must-Do in Christchurch. Hier wechseln die Ausstellungen regelmäßig und zeigen die Landschaften, aber auch die Menschen Neuseelands in ihren unterschiedlichen Formen.

Auch wer einen Einkaufsbummel machen möchte wird nicht enttäuscht. Viele Läden und Einkaufszentren laden in der Innenstadt zum Shoppen ein.

Die Stadt Christchurch war schon seit jeher Opfer von Erdbeben, doch im Februar 2011 ereignete sich hier das verheerendste Beben der Geschichte des gesamten Landes. Die Bergungsarbeiten dauerten einige Tage an, viele tausend Menschen wurden verletzt und es kostete auch viele Leben. Auch zahlreiche Gebäude wurden zerstört. Am bekanntesten ist die Christchurch Cathedral, dessen Turm in nur wenigen Sekunden in sich zusammenbrach. Durch mehrere Nachbeben wurde die Hälfte der gesamten Kirche so beschädigt, dass sie seitdem nicht mehr betreten werden darf.

Doch Christchurch ist nur zu gut ein Beispiel für die Stärke und für den Zusammenhalt der Menschen in Neuseeland. Noch bevor die Innenstadt mit den Bürogebäuden und Geschäften neu errichtet werden sollte, wurden Wohnhäuser wieder aufgebaut, damit die Menschen in ihr Zuhause zurückkehren konnten. Die Christchurch Cathedral sollte im März 2012 abgerissen werden, um einem neuen Bauwerk Platz zu geben, doch durch viele eingereichte Klagen wurde der Abriss gestoppt. 2017 wurde dann beschlossen, dass die Kathedrale erneut aufgebaut werden soll.

Über die Grenzen des Landes hinweg bekannt ist die „Cardboard-Cathedral", welche als Ersatz für die gesamte Kirchengemeinde vorerst erbaut wurde. Sie besteht vorwiegend aus Karton, weshalb sie auch liebevoll den Namen „Papp-Kathedrale" von den Einwohnern erhielt.

Obwohl das Erdbeben schon einige Jahre zurückliegt, kann auch heute noch an vielen Gebäuden und auch den noch anhaltenden, vielen Straßenarbeiten erkannt werden, wie schwerwiegend dieses Beben war. Doch durch genau diese Einzigartigkeit hat Christchurch ihren Ruf der immer im Wandel stehenden Stadt und sollte auf der Reiseliste nicht fehlen.

QUEENSTOWN

Queenstown ist durch die vielen Möglichkeiten von Abenteuern die wohl attraktivste Stadt der Südinsel Neuseelands für junge Reisende, die Extremsportarten lieben. Hier werden nicht nur Jetski-Fahrten, Mountainbiking und Paragliding angeboten, sondern auch das Bungee-Jumping. Später im Buch können Sie mehr zum Thema Bungee-Jumping und Fallschirmsprüngen lesen.

Doch nicht nur Extremsportarten können hier ausgeführt werden. Eine Gondel namens „Skyline Gondola" führt auf den Berg „Ben Lemond" hinauf, von wo aus Sie eine unglaubliche Sicht auf die Stadt und den angrenzenden See „Lake Wakatipu" haben.

Nirgendwo sonst auf der Südinsel Neuseelands bietet sich das Nachtleben so vielseitig an, wie in Queenstown. Durch die relativ kompakte Innenstadt reihen sich viele Bars und auch Discotheken aneinander und können alle fußläufig von den verschiedenen Hotels, Ferienwohnungen und unter den jüngeren Backpackern beliebten Hostels, erreicht werden. Es muss nicht auf ein Wochenende gewartet werden bis abends ausgegangen werden kann, denn auch in der Woche finden Partys in den Straßen

Queenstowns statt.

Auch erwähnt werden muss der Burgerladen „Fergburger". Wenn Sie durch die Innenstadt gehen, werden Sie mit Sicherheit eine lange Warteschlange vor dem Kult-Restaurant stehen sehen. Jeder junge Neuseeländer hat bereits von diesem Burger gehört, wenn nicht sogar schon einen gegessen.

Insider-Tipp: Falls Sie einem solchen Burger eine Chance geben möchten, lassen Sie sich nicht von der Menschenmasse vor dem Restaurant abschrecken. Die Mitarbeiter kennen bereits diesen großen Ansturm und sind sehr routiniert in ihrer Arbeit. Eine halbe Stunde sollten Sie allerdings dennoch einplanen.

Da mehrere Unternehmen eine Bootstour über den „Lake Wakatipu" anbieten, müssen Sie mit viel Sorgfalt ein geeignetes Unternehmen auswählen, da diese Touren nicht unbedingt günstig sind. Doch der „Million Dollar Cruise" kann nur wärmstens und ohne schlechtes Gewissen weiterempfohlen werden. Sie werden vom Wasser aus nicht nur eine spektakuläre Sicht auf die Stadt haben, sondern Sie werden auch Spaß daran haben, wie Ihnen die Geschichte Neuseelands nähergebracht wird.

DUNEDIN

Dunedin wurde bereits 1850 durch schottische Einwanderer gegründet und hat daher auch das schottische Flair. Als dann in den 1860er Jahren Gold an dem Küstenort gefunden wurde, explodierte dessen Wirtschaft, weshalb Dunedin immer mehr Einwohner zählen durfte. Heute ist es eine beliebte Studentenstadt, weshalb immer mehr junge Menschen in die Stadt kommen.

Ein besonders positiver Faktor der Stadt ist das sogenannte Octagon, das den Mittelpunkt der Innenstadt ausmacht. Hier befinden sich die meisten Sehenswürdigkeiten auf einen Blick. Nicht nur das Rathaus, die „Town Hall", sondern auch die beliebtesten Einkaufsstraßen, die George Street und die Stuart Street gehen von hier ab. Des Weiteren krönt das Denkmal des schottischen Dichters Robert Burns das Stadtinnere.

Als Besonderheit Dunedins ist definitiv die Baldwin Street bekannt. Durch ihre Steigung von 35% ist sie somit die steilste Straße der Welt. Wer sie bezwungen hat und sich auf den steilen Weg bis nach ganz oben gewagt hat, kann am Ende ein Zertifikat zurück am Fuße der Straße für seine Bemühungen erwerben. Diese Attraktion ist nicht nur bei sportlichen Erwachsenen beliebt, sondern zählt auch zu den Lieblingssehenswürdigkeiten der Kinder in der Stadt.

Als meistfotografiertes Gebäude des ganzen Landes zählt die Dunedin-Railway-Station. Schon seit mehreren Jahren fährt hier kein Zug mehr, dennoch ist das Gebäude mit der großen Blumenwiese im Vordergrund ein lockendes Bildmotiv.

Für reisende Surfer oder diejenigen, die es werden möchten, bietet Dunedin gleich mehrere Surfschulen am Strand der Stadt an. Doch auch als Zuschauer werden Sie von den Wellenreitern begeistert sein.

Als besonderer Blickfang sollte, wenn es die Zeit zulässt, die Albatross-Kolonie an der Außenspitze Dunedins besucht werden. Weltweit einmalig können Sie hier Königsalbatrosse nisten sehen und ihre Küken bewundern. Normalerweise nisten die Giganten der Luft auf kleinen Inseln auf hoher See, doch hier können sie ganz nah mit dem Boot an die Nester auf den Klippen heranfahren. Als Alternative können Sie die Nester vom Besucherzentrum aus bestaunen.

Wem der Trubel in der Stadt zu viel wird, der

kann sich auf den Weg zur spektakulärsten Aussichtsplattform Dunedins machen, der „Centennial Memorial" auf dem „Signal Hill". Von hier oben wirkt die Stadt fast klein und wird von schönen Stränden geziert.

Touristenattraktionen

BUNGEE-JUMPING

Sie werden mit Sicherheit von diesem nervenaufreibenden Sprung in die Tiefe gehört haben. „Bungee" bedeutet übersetzt so viel wie „Seil" oder „Gurt" und kommt ursprünglich aus Vanuatu, einem kleinen Inselstaat im Südpazifik. Lianen dienten hier als Seil, um einen Sprung in die Tiefe möglich zu machen. Schon in den Siebzigern wurden Forschungen angestellt, um herauszufinden, wie das Bungeespringen auch für alle anderen Furchtlosen der Welt bereitgestellt werden kann, ohne dass es zu Verletzungen kommt, wie es damals oft der Fall war.

Das Unternehmen „AJ Hackett Bungee" bot ab den Achtzigerjahren kommerzielle Sprünge an. Der

Standort in Queenstown von der Kawarau-Brücke sollte der erste Sprung zum weltberühmten Extremsport sein, bei dem jeder teilnehmen konnte, soweit er sich denn traute. Der Absprung liegt über einem Fluss, das heißt, dass sie einem kleinen Bad in dem Wasser zustimmen müssten. Dieser Sprung ist aus einer Höhe von 43 Metern und sollte nicht unterschätzt werden!

Mit 143 Metern ist der „Nevis Jump" der höchste in Neuseeland. Wenn man in Queenstown ist, kann man eine Fahrtmöglichkeit zur Gondel, aus der man springen wird, gleich dazu buchen, genauso wie zu der Kawarau-Brücke.

Wenn Sie eine schöne Aussicht über die Stadt von Queenstown haben möchten während Sie in die Tiefe springen, dann ist der „Ledge" Bungeesprung genau das Richtige für Sie, denn die Plattform befindet sich hoch oben auf dem Berg „Ben Lemond". Glauben Sie mir, wenn ich sage, dass Sie während des Springens Ihre Umgebung nur teilweise wahrnehmen werden! Für die meisten Besucher geht es um das Springen selbst.

Doch nicht nur auf der Südinsel Neuseelands kann ein Adrenalinschub erreicht werden, denn direkt in Auckland ist ein 40 Meter hoher Sprung direkt über dem Meer möglich. Auch in Taupo, einer kleineren zentral gelegenen Stadt auf der Nordinsel, wird ein 47 Meter hoher Bungeesprung angeboten.

Es lohnt sich! Nicht umsonst wagen sich so viele Reisende auf eine der Plattformen, um dann herunterzuspringen. Ein Erlebnis, das Sie mit Sicherheit nicht mehr so schnell vergessen werden. Und Angst ist schon seit den Siebzigern nicht mehr begründet, denn das Unternehmen „AJ Hackett Bungee" wirbt damit, dass in all den Jahren, in denen sie die Bungeesprünge kommerziell angeboten haben, noch nie ein Unglück passiert ist.

FALLSCHIRMSPRINGEN

Neuseeland ist der wahrscheinlich schönste Ort auf der Welt, um einen Fallschirmsprung zu wagen. Die Dauer des freien Falls in der Luft ist von der Höhe des Flugzeugs bei Absprung abhängig, doch der Adrenalinschub, den Sie bekommen, ist derselbe. In fast allen größeren Städten, wie unter anderem Queenstown, Auckland, Taupo und Tauranga wird diese Luftsportart angeboten.

Der Adrenalinspiegel im Blut steigt bereits, wenn Sie die Ausrüstung anziehen und in Richtung des Flugzeuges sehen, in welches Sie in wenigen Minuten steigen werden. Sie können sich für einen Einzelsprung entscheiden, das heißt, dass eine nette Begleitung, die für Ihre Sicherheit sorgt, dennoch immer mitspringen wird. Sie werden schon während der Zeit im Flugzeug auf dem Weg hoch in die Luft mit Leidensgenossen in Kontakt treten, die genauso vorfreudig sind wie Sie. Ihr Begleiter zeigt Ihnen das Höhenmeter und verkündet, in wenigen Minuten werden Sie aus diesem Flugzeug springen und im freien Fall auf die Erde zurasen.

Trotz der Angst, die sich in Ihnen breitmachen wird, können Sie es kaum erwarten. Und schon ist es soweit. Ehe Sie sich versehen, werden Sie durch die Seitentür des Flugzeugs in den Wind gedrückt. Nach einer kurzen Atempause realisieren Sie, was gerade passiert. Und schon ist es soweit; der Fallschirm wird geöffnet und nun sitzen Sie unter dem Schutz des Schirms in der Luft und blicken auf die endlosen Weiten des Horizonts. Der Ausblick ist unglaublich und atemberaubend schön. Ein einmaliges Erlebnis, was noch lange Zeit später in Ihrem Gedächtnis bleiben wird.

Zu der Frage, ob Sie das Bungeespringen oder den Fallschirmsprung wählen sollten, kann ich Ihnen diese Entscheidung nicht abnehmen. Beide Sprünge haben ihre Vorteile, Sie müssen nur wissen, was Sie erleben möchten. Doch wenn es die Zeit und das Budget hergibt, wieso dann entscheiden und nicht beides machen?

DIE SCHÖNSTEN WASSERFÄLLE

Whangarei-Falls

Zu den schönsten Wasserfällen Neuseelands gehören die Whangarei-Falls, die im gleichnamigen Ort nördlich von Auckland zu bestaunen sind. Über einen circa zehn minütigen Weg vom kostenlosen Parkplatz aus kommen Sie schnell zu den Wasserfällen. Ein Eintritt wird hier nicht verlangt. Wenn Sie in der Nähe sein sollten, ist ein Besuch bei den, in einem Waldstück versteckten, Wasserfällen unumgänglich.

Huka-Falls

Die Huka-Falls befinden sich angrenzend an dem Ort Taupo auf der Nordinsel. Ein reißender Fluss, der Waikato-River, geht in einen großen und somit auch lauten Wasserfall über. Ein Spazierweg führt am Fluss entlang und gibt auf mehreren Aussichtsplattformen den Blick auf den Wasserfall frei. Durch den hohen Ansturm der Touristen ist es sehr wahrscheinlich, dass Sie, anders als bei einigen Wasserfällen an abgelegeneren Orten, nicht die Einzigen dort sein werden. Doch darauf sollte nicht der Fokus liegen, denn hier wird bewusst, wie stark und mächtig die Natur sein kann.

McLean-Falls

Im Catlins-National-Park auf der Südinsel finden Sie versteckt im Regenwald einen der schönsten Wasserfälle in ganz Neuseeland. Wenn Sie nach dem ungefähr 20minütigen Weg durch den Wald an den Wasserfällen angekommen sind, sehen Sie bereits einen kleinen Teil des Wassers hinter einer kleinen Erhöhung aus Stein. Trauen Sie sich und klettern Sie diese Steinwand nach oben und schon können Sie einen wundervollen Wasserfall in ganzer Fülle erblicken.

Purakaunui-Falls

Den wohl beeindruckendsten und breitesten Wasserfall finden Sie ebenfalls im Catlins-National-Park. Hier führt ein circa halbstündiger, leicht zu gehender Wanderweg durch den Wald hindurch. Es eröffnet sich eine schöne Landschaft mit dem Wasserfall im Zentrum. Dadurch, dass Sie sehr nah an das Wasser herangehen können, sogar unter ihm stehen können, sollten Sie unbedingt festes Schuhwerk mitnehmen, um die Zeit voll ausschöpfen zu können.

WAITOMO CAVE - GLÜHWÜRMCHENHÖHLEN HAUTNAH ERLEBEN

Zentral gelegen auf der Nordinsel im Waitomo-District, befinden sich die „Waitomo Caves". Diese Höhlen beherbergen einen ganz besonderen Schatz Neuseelands, die Glühwürmchen. Hier werden Führungen durch die Höhlen angeboten, die sich auf alle Fälle zu besichtigen lohnen.

Durch Strömungen aus Wasser entstanden über viele Jahre hinweg viele unterirdische Gänge und Höhlen, in denen auch heute noch Wasser zu finden ist. Die großen Hallen, die unter der Erde weilen, werden durch kleine blaue Lichter zum Erstrahlen gebracht. Es sieht dem Sternenhimmel zum Verwechseln ähnlich.

Doch die neuseeländischen Glühwürmchen sind nicht mit den europäischen Glühwürmchen zu verwechseln. Sie sind keine kleinen, fliegenden Tierchen, die wild durcheinander schwirren. Die neuseeländischen Glühwürmchen sind buchstäblich Würmchen. Die kleinen Tiere, die in den Felswänden leben und nur als eine Art „Fühler" von außen sichtbar sind, locken mit ihrem Licht und einer klebrigen

Flüssigkeit, die als Tropfen von dem leuchtenden Strang hinabhängen, ihre Beute an. Für unser Auge sehen sie aus wie viele kleine Sterne am dunklen Nachthimmel.

Es werden verschiedene Tagestouren angeboten, um sich die Höhlen aus nächster Nähe anzusehen. Sie können zu Fuß durch einen kleinen Teil der Höhlen gehen, der mit einer hängenden Brücke ausgestattet ist, oder Sie buchen eine Fahrt im Boot, um durch verschiedene Höhlen gefahren zu werden. Wer ein bisschen abenteuerlustiger ist, der kann die Tour „Black-Water-Rafting" oder „Schwarzes Labyrinth" buchen. In dieser dreistündigen Tour schwimmen, beziehungsweise fahren Sie mit einem Schwimmring durch die Höhlen. Hier ist Spaß und Erstaunen gleichermaßen garantiert.

Da das Wasser relativ kalt ist und im Winter ebenfalls diese Touren stattfinden, bekommen Sie eine wasserfeste Ausrüstung vom Team gestellt. So lässt es sich problemlos in dem Wasser aushalten. Auch Fotos und kleine Videos werden von den Betreuern von Ihnen gemacht, nachdem Sie zugestimmt haben. Denn eigenständiges Fotografieren ist untersagt, um die kleinen Glühwürmchen zu schützen.

Insider-Tipp: Der ultimative Insider-Tipp sind die „Waipu Caves". In der Nähe des Ortes Whangarei, auf der Nordinsel Neuseelands, nördlich von Auckland gelegen, befindet sich eine Höhle, die kostenfrei für Besichtigungen auf eigene Faust bereitsteht. Hier finden Sie ebenfalls die Glühwürmchen, die auch in den Waitomo Caves zu sehen sind. Nur mit deutlich weniger Touristenansturm. Doch dadurch, dass dies ein öffentlicher Platz ist, gibt es keine Aufsichtspersonen, die Sie eventuell informieren können oder auch, im schlimmsten Fall, helfen können, falls Sie in den mit Wasserpfützen ausgekleideten Höhlen verunglücken. Vergessen Sie keine Möglichkeit, sich Licht zu machen in der Dunkelheit der Höhle, um sich zu orientieren. Doch seien Sie bitte achtsam auf die kleinen Würmchen, die sich durch angestrahltes Licht, von zum Beispiel einer Taschenlampe, sehr unwohl fühlen könnten und sich somit zurückziehen könnten.

Direkt angrenzend an die Höhle ist ein sogenannter „Freedom Campingplatz", das heißt, dass dieser vom Land Neuseeland zur kostenlosen Nutzung zugelassen ist, sofern Sie ein mit

„Selfcontained" registriertes Auto haben. Später hierzu mehr!

MILFORD SOUND

Die wohl bekannteste unter allen Touristenattraktionen ist der 14 Kilometer lange Fjord oder auch Meeresarm, der als Teil des Fiordland-National-Parks seit 1990 zum UNESCO Weltnaturerbe dazu zählt. Eine magische Natur ist hier zu finden. Egal zu welcher Jahreszeit und bei welchem Wetter Sie diesen Fjord besichtigen, es wird immer beeindruckend sein. Bei Sonnenschein werden Sie durch die leuchtenden Farben der bewachsenen Berghänge verzaubert. Bei Regen bilden sich allerdings zu den sowieso vorhandenen Wasserfällen, die die Berge hinabfallen, noch kleinere, durch den Niederschlag verursachte Wasserfälle, die das ganze Spektakel noch lebendiger erscheinen lassen.

Insider-Tipp: Im Frühling ist wohl die beste Zeit den Milford Sound zu besuchen, denn dann strahlt das Wasser nicht nur durch den Sonnenschein, sondern auch die kleineren Wasserfälle sind durch das Schmelzen der Schneemassen, die sich auf den

Bergen gebildet haben, zu sehen.

Durch den hohen Ansturm der Touristen auf das große Gewässer sollte schon im Vorhinein an eine Buchung mit einem der Boote gedacht werden. Sie können entweder direkt vor Ort in eines der Boote steigen, oder schon aus Queenstown eine Tour starten, mit dem Bus oder sogar mit dem Flugzeug, aus wessen die Aussicht noch spektakulärer ist. Für den etwas kleineren Geldbeutel können Sie die Bootsfahrt ausfallen lassen und sich trotzdem von der umgebenden Natur verzaubern lassen. In dem kleinen gleichnamigen Ort Milford Sound vor dem eigentlichen Fjord, laden mehrere kleine Tracks zum Spazieren ein. Und auch ein Café und Restaurant sind nicht zu vermissen.

Insider-Tipp: Falls Sie sich für eine der Bootsfahrten entschieden haben, halten Sie oben auf dem Bootsdeck nicht nur Ausschau nach den Wasserfällen und den hohen Klippen. Wenn Sie Glück haben, können Sie auch ein paar Delfine in den von den vielen Booten geschaffenen Bugwellen spielen sehen.

HOT WATER BEACH

Nicht nur bei warmen Temperaturen kann am Strand entspannt werden, sondern selbst bei eisigen Graden. Dieser Strand trägt seinen Namen durch die vom Thermalwasser erwärmten Strömungen, die unter dem Sandstrand entlang ins Meer fließen. Der Strand im Coromandel District kann bequem mit dem Auto vom 12 Kilometer entfernten Ort „Whitianga" angefahren werden.

Um in den Genuss des heißen Wassers zu kommen, graben sich Touristen und auch Einheimische kleine, aber auch größere Mulden in den Sand. Doch es muss schnell gearbeitet werden, denn nur circa zwei Stunden am Tag ist der Abschnitt des Strandes, unter welchem das heiße Wasser wartet, nicht vom Meerwasser bedeckt. Sie können vor Anreise auf einem Gezeitenplan im Internet nach den genauen Uhrzeiten sehen, oder Sie erhalten die Auskunft von den verschiedenen Campingplätzen und Hotels in der Umgebung.

Insider-Tipp: Wenn Ihnen das Graben des Sandes mit den Händen zu anstrengend oder langwierig erscheint, können Sie sich Schaufeln als Grabhilfe direkt am Strand ausleihen. Bei späterer Uhrzeit und somit auch geringeren Besucherzahlen, ist der Effekt noch entspannender, denn so können Sie während des Badens in heißem Wasser bei den Geräuschen der brechenden Wellen des Meeres die Sterne beobachten. Doch Obacht ist geboten, denn die Flut kann überraschend schnell wieder eintreten.

FRANZ-JOSEF-GLETSCHER

Der Franz-Josef-Gletscher befindet sich auf der Südinsel westlich der neuseeländischen Alpen. Der etwa zehn Kilometer lange Gletscher verliert, verglichen mit anderen Gletschern dieser Erde, relativ schnell an Masse und erhält sie ebenso schnell wieder zurück. Dies kommt durch die besondere Lage zustande. Der Gletscher liegt im Gebirge, welches durch das Zusammenstoßen von zwei Kontinentalplatten entstanden ist. Auch die vielen Niederschläge und wechselnden Winde der Tasmanischen See, welche sich in unmittelbarer Umgebung befindet, wirken sich auf das Wachsen und Schmelzen des Eises aus.

Der Wanderweg, welcher circa 20 Minuten vom Parkplatz aus in Anspruch nimmt, ist auch für

Kinder und unerfahrene Wanderer leicht zu gehen. Falls der Blick von ungefähr 100 Metern vor dem Gletscher nicht ausreichen sollte, kann ein Helikopterflug, der über das Eis hinweg geht, gebucht werden. Auch Klettertouren werden angeboten, wobei allerdings mehr Erfahrung der Reisenden benötigt wird. Die Helikopterflüge und die Klettertouren finden allerdings nur bei gutem Wetter statt und durch die schnell wechselnde Wetterlage sollten ein paar mehr Tage eingeplant werden. Der Wanderweg ist dennoch auch bei Regenwetter möglich zu gehen, doch auf die geeignete Ausrüstung mit Regenjacke und wasserfesten Schuhen sollte geachtet werden.

MOUNT COOK

Der in der Maori-Sprache genannte Berg „Aoraki" ist mit seinen 3724 Metern der höchste Berg in Neuseeland. Er ist ein Teil der neuseeländischen Alpen im „Mackenzie District" in der Region Canterbury. Der Berg ist im Sommer auch aus der Entfernung leicht zu erkennen. Einheimische sagen, es wäre der einzige Berg, dessen Spitze auch bei 30 Grad Celsius im Tal mit Schnee bedeckt sei.

Ein Must-Do am Mount Cook ist der „Hooker Valley Track", der am gleichnamigen Hooker Valley Fluss entlangführt. Denn am schönsten kann diese alte Gegend beim Wandern erkundet werden. Der Wanderweg führt über Hängebrücken und gibt eine atemberaubende Aussicht auf den Mount Cook frei. Wichtig ist hier, an eine Kamera zu denken!

Wem der fünf Kilometer lange „Hooker Valley Track" zu lang ist, dem werden noch mehrere kürzere Wege näher am höchsten Berg Neuseelands angeboten. Vor Ort sind alle Möglichkeiten gut ausgeschildert und auch eine Informationsstation mit mehreren Mitarbeitern liefert Touristen gerne genauere Auskünfte.

WHALEWATCHING

Mit bis zu 500.000 „Whale Watchern" pro Jahr ist Neuseeland einer der meist besuchten Whalewatchingorte der Welt. Wale können in allen neuseeländischen Küstengewässern beobachtet werden. Besonders bekannt für Whalewatching ist das Gebiet „Hauraki Gulf", welches die Regionen Auckland und Coromandel umgibt. Das Schutzgebiet bietet zahllosen seltenen und exotischen Meereslebewesen ein Zuhause, darunter auch dem vom Aussterben bedrohten Brydewal.

Diese Tour können Sie ganz einfach von Auckland aus antreten. Der Veranstalter „Auckland Whale & Dolphin Safari" bietet eine viereinhalbstündige Tour an, die direkt in Auckland am „Viaduct Harbour" startet. Abhängig von der Jahreszeit können Buckelwale, Zwergwale, Seiwale, Pilotwale, Schnabelwale und auch Pottwale gesichtet werden. Es ist natürlich wichtig, bei den Fahrten aufmerksam auf das Wasser zu schauen, denn auch Sichtungen von Haien, Mantarochen, Meeresschildkröten und dem unglaublichen Orca sind jederzeit möglich. Der Veranstalter gibt eine Sichtungsgarantie. Dies bedeutet nicht, dass bei jeder Fahrt Wale gesichtet werden können. Doch es bedeutet, dass wenn es vorkommen sollte, dass Sie auf einer Tour keine Meeressäuger sehen können, der Veranstalter anbietet, die Tour für Sie zu wiederholen und das ganz umsonst!

Das Küstenmeer vor Kaikoura ist bekannt dafür, dass hier ganzjährig Pottwale beobachtet werden können. Dieser Küstenort liegt nordöstlich auf der Südinsel Neuseelands. Hier ist die Besonderheit, dass die Wassertiefe von circa 1.000 Metern sehr schnell auf 3.000 Metern und mehr absinkt und die Gegend wird „Kaikoura Canyon" genannt. Hier treffen zwei Meeresströmungen, die eine kalt, die andere warm, aufeinander und werden verwirbelt. So sorgen sie für einen Nährstoffnachschub, sodass sich große Mengen an Plankton und Fischen hier aufhalten, welche die Nahrungsgrundlage der Wale darstellen. Aus diesem Grund legen auch Blau-, Glatt-, und Buckelwale sowie Orcas und Delfine auf ihren Wanderungen einen Zwischenstopp ein. Die Wale können entweder mit dem Boot oder aus der Luft beobachtet werden.

Der Schwerpunkt bei den Bootstouren liegt im Allgemeinen auf der Suche und Sichtung des

Pottwals. Hierfür verwendet die Crew auch ein Hydrophon, um mit Hilfe der Klick-Geräusche, welche die Wale zur Orientierung und Kommunikation nutzen, die Wale zu lokalisieren. Etwa 80 Prozent der weltweiten Wal- und Delfinarten wandern entlang der Küste Neuseelands, weshalb jederzeit die Möglichkeit besteht, dass Sie noch andere dieser Tierarten zu sehen bekommen.

Insider Tipp: Von Dezember bis März können Sie in Kaikoura Buckelwale bestaunen. In den Monaten Juni und Juli ist es auch möglich, Orcas hier anzutreffen.

Aufgrund des großen Meeresreichtums siedelten sich auch die Maori in Kaikoura an. Seit circa 300 Jahren dominiert der Maoristamm der „Ngai Tahu" diesen Ort. Nach dem Glauben der Maori stammen die „Ngai Tahu" von „Paikea" ab. Paikea soll nach den Überlieferungen ein Vorfahre der Maori sein, der auf dem Rücken eines Wales reitend Neuseeland erreicht hat. Die Traditionen und Geschichten der „Ngai Tahu" überliefern die enge Freundschaft zwischen Menschen und Walen. Nicht selten in diesen Geschichten ist der Wal das „Mokai" eines Häuptlings, also sein Vertrauter und Beschützer in

Tiergestalt.

Die Maori haben Wale über lange Zeit nicht gejagt. Wurde jedoch eines der Tiere an Land gespült, verwerteten sie dessen Fleisch und Knochen. Da die Maori es als Geschenk des Meeresgottes „Tangaroa" sahen, hätte es den Gott beleidigt, wenn sie es verrotten ließen. Als aber 1842 europäische Walfänger nach Kaikoura kamen, gingen auch die Maori mit auf die Jagd, um im Konkurrenzkampf während der Kolonialisierung gegen die Einwanderer nicht unterlegen zu sein.

Seit dem Jahr 1978 ist der Walfang in Neuseeland gesetzlich verboten und die Walfang-Unternehmen sind den Whalewatching-Veranstaltern gewichen. Bei einem Besuch des Kaikoura-Museums können Sie eintauchen und mehr über die Naturgeschichte, das damalige Dorfleben zu europäischen Siedlungszeiten und die Fischerei sowie den Walfang erfahren. Des Weiteren bietet das Kaikoura-Museum eine interessante Sammlung an Fotografien mit über 40.000 Fotos an, die zur Veranschaulichung der vielfältigen Geschichte dienen.

HOBBITON - DAS REICH DER KLEINEN HOBBITS

Das Filmset, welches zwischen den Städten Hamilton und Rotorua, nahe des kleinen Ortes Matamata gelegen ist, wurde 1998 von Peter Jackson, dem Regisseur der Trilogie „Der Herr der Ringe" und den Filmen „Der Hobbit", entdeckt. Sofort stand fest: Hier sollten die kleinen Hobbits zu Hause sein.

Schon bald begannen die Arbeiten an 37 Hobbithöhlen mit den dazugehörigen Gärten. Auch eine alte Eiche, die zuvor in dem Ort Matamata gewachsen ist und leider abgeholzt wurde, sollte hier ein zu Hause haben, also wurde sie künstlich nachgebaut. Die Blätter mussten einzeln eingefärbt werden. Nachdem ein Jahr verging, wuchs regelrecht Unkraut über das ganze Set, was dazu führte, dass es sich so in die Umgebung anpasste, dass auch der vorherige Landbesitzer stolz auf die Arbeiten war. Er sagte, dass das Land der Hobbits nun auch einen Hauch der urtümlichen, natürlichen Umgebung bekommen hätte.

Heute sind 44 Hobbithöhlen zu besichtigen, viele davon bestehen lediglich aus der Außenfassade, denn die Dreharbeiten, die Szenen in den

Höhlen zeigen, wurden in einem Filmset in Wellington gedreht. Da die Hobbits kleiner sind als die Menschen, gibt es auch kleinere Türen. Doch um auch die Schauspieler kleiner erscheinen zu lassen, wurden Höhlen maßstabsgetreu für diese Schauspieler angefertigt. Bis auf wenige Ausnahmen sind diese Türen in einer blauen Farbe gekennzeichnet.

Mehr als 500.000 Hobbit-Fans haben sich bereits von den Höhlen vor Ort verzaubern lassen. Es werden täglich Führungen durch das Set angeboten. Auch ein Mittag- oder Abendessen kann zur Tour dazu gebucht werden. Planen Sie Ihre Reise möglichst zeitnah, denn gerade zu der Hauptsaison, die ab Ende des Jahres bis in den Mai hinein gehen kann, können die Führungen durch das Filmset schon einige Tage vorher restlos ausgebucht sein.

Insider-Tipp: Natürlich ist das Filmset zu jeder Tageszeit wunderschön zu besichtigen, doch wenn es die Zeit zulässt, sollten Sie zur späteren Stunde eine Führung buchen. Wenn die Abenddämmerung einsetzt, liegt ein magischer Lichtschleier über den vielen Hobbithöhlen und den dazugehörigen Gärten.

Geheimtipp auf der Südinsel

Wenn Sie auf der Südinsel sind, machen Sie einen kurzen Halt in dem kleinen Ort Twizel im Mackenzie-District in der Region Canterbury. Auf den ersten Blick scheint hier nicht wirklich etwas los zu sein, doch einen Besuch ist er auf alle Fälle wert! Dieser unscheinbare 1.100 Einwohner Ort ist eine halbe Fahrstunde mit dem Auto südlich von Mount Cook gelegen. Von dem Ortskern aus haben Sie eine wunderbare Sicht auf den größten Berg des Landes und die neuseeländischen Alpen.

Wenn Sie am Fischfang interessiert sind, sollte die Lachsfarm besichtigt werden, die am Rande des Ortes liegt. Hier können Sie nicht nur frisch zubereiteten Fisch kaufen, sondern auch Lachse in einem großen Netz direkt im Wasser sehen und auch füttern. Alles ohne Eintritt zu zahlen!

Der angrenzende See „Lake Ruataniwha" ist so klar, dass Sie beim Schwimmen bis auf den Grund sehen können. Der angrenzende Campingplatz vermietet unter anderem Kanus, welche transparent sind und beim Fahren genau diesen freien Blick auf den Grund freigeben. Auch im „Stand-Up-Paddeln" können Sie sich hier versuchen. Im Sommer strahlt das klare blaue Wasser mit dem Himmel um die Wette.

Reisen mit dem Auto oder Reisebus?

Für junge Menschen stellt sich vor Antritt der Reise genau diese Frage. „Was, wenn ich allein reise und niemanden kennenlerne?", „Was, wenn mein Auto einen Schaden hat und ich darauf sitzenbleibe?" Diese Fragen wandern durch den Kopf, doch niemand ist allein damit. Natürlich gibt es Vor- und Nachteile, die jedem bewusst sein sollten, doch im Endeffekt liegt die Entscheidung bei einem selbst.

Das Reisen mit dem Auto bietet die Möglichkeit, immer da zu sein, wo Sie sein wollen. Und die Freiheit sagen zu können: „Hier bleibe ich länger als zuvor geplant!". Die Frage, wo Sie ein passendes Auto für Ihre Reise finden, sollte sich nicht allzu schwer beantworten lassen. Im Internet auf etlichen Seiten werden Autos, die bereits bezugsbereit sind, für den Kauf angeboten. Hier ist allerdings Achtung geboten. Nicht alle Seiten sind so vertrauenswürdig, wie sie es auf den ersten Blick zu sein scheinen.

Sie sollten sich auch darüber im Klaren sein, ob ein „Selfcontained"-Auto, oder ein „Nicht- Selfcontained"-Auto für Sie in Frage kommt. Mit dieser Registrierung beim Land Neuseeland ist ein Auto dafür zugelassen, auf sogenannten „Freedom Campingplätzen" zu übernachten. Diese werden kostenlos angeboten, doch die Registrierung, dass ein Auto oder Minivan hier über Nacht bleiben darf, kostet Geld. Daher sind sie in der Anschaffung meist teurer. Außerdem müssen Richtlinien eingehalten werden, welche unter anderem besagen, dass eine Toilette und ein Abflusstank im Auto vorhanden sein müssen.

Als kleiner Tipp am Rande: Sie können sich

gerne schon vor Reiseantritt Autos im Internet aussuchen und die Besitzer kontaktieren, doch kaufen Sie niemals ein Auto, welches Sie sich nicht persönlich angesehen haben. Im Internet werden oft viele Schäden versteckt, die mit hohen Kosten einhergehen können. Und Ihre Reise soll ja nicht mit etlichen Werkstattbesuchen beginnen!

Wenn ein Autokauf nicht in Frage kommt, dann ist natürlich auch ein Mietauto eine Option, welches Sie von A nach B fahren kann. Wenn Ihre Reise nur wenige Wochen lang sein soll, dann ist dies vielleicht die passendste Möglichkeit. Auch hier gibt es viele Anbieter, die kleine Minivans vermieten. Achten Sie stets auf die Rezensionen und die Preisunterschiede.

Der europäische Führerschein ist in Neuseeland nicht gültig! Lassen Sie sich vor Reiseantritt, auch wenn Sie vorerst keinen Autokauf oder einen Mietwagen geplant haben, einen internationalen Führerschein ausstellen. Dies sollte zügig und preisgünstig in Ihrer Stadt- oder Gemeindeverwaltung vonstattengehen. Die Preise schwanken allerdings von Region zu Region.

Doch in der Tat sollten Sie, wenn Sie planen allein zu reisen, sich bewusst sein, dass es ein wenig

Überwindung braucht, um mit den anderen Reisenden in Kontakt zu treten. Nicht jeder ist so aufgeschlossen und kann schnell neue Kontakte knüpfen, wie manch ein anderer. Hier kommen die Reisebus-Touren zum Einsatz. Perfekt für Alleinreisende, doch natürlich auch für Personengruppen, sind die Busse, die Sie von Stadt zu Stadt bringen und dabei noch viele Angebote und auch Ermäßigungen von erlebnisreichen Attraktionen, wie zum Beispiel Bungeespringen, für Sie bereithalten.

Die größten Firmen, die in Neuseeland diese Reisebus-Touren anbieten, sind „Kiwi Experience" und „Stray Travel". Lassen Sie sich nicht von dem Gerücht des „Party-Busses" entmutigen. Natürlich hängt jede Gemeinschaft von den Leuten in genau dieser Gemeinschaft ab. Viele vor allem junge Menschen möchten eine genauso schöne Erfahrung in Neuseeland machen wie Sie.

Die Preise der Bustickets schwanken innerhalb einer Reisegesellschaft enorm. Daher sollten Sie die Preise über eine etwas längere Zeit beobachten und im richtigen Moment zuschlagen. Und merken Sie sich, dass Sie nicht an eine Bustour gebunden sind. Sie können jederzeit aussteigen und mit dem Auto weiterreisen oder den Bus von vornherein nur für eine kurze Zeit buchen. Doch es stimmt, einfacher kann Neuseeland nicht bereist und erkundet werden als mit einem Reisebus, dessen Fahrer Ihnen schon zwischen den Stopps an Wahrzeichen oder Wasserfällen unglaublich interessantes Wissen zukommen lassen wird.

Nachwort

Jeder, der Neuseeland verlässt, geht mit einem weinenden und einem lachenden Auge. Natürlich sind alle Abenteuer, die dort erlebt werden, individuell, doch da dieses Land wirklich für jeden Persönlichkeitstypen etwas bietet, kann nicht behauptet werden, es sei nichts für Sie dabei gewesen. Doch Neuseeland ist immer im Wandel.

Einige Neuseeländer kennen nur ihr Heimatland und hatten noch nicht die Möglichkeit, andere Länder zu bereisen. Unter anderem kann dies auch ein Grund dafür sein, dass sie die Naturvielfalt und die Besonderheiten des Landes nicht wirklich anerkennen. Doch in der Regel sind die Neuseeländer sehr stolz auf ihr Land, denn von jedem Touristen, den man dort trifft, wird verbreitet, wie wunderschön es hier ist und wie gerne sie länger geblieben wären oder wiederkommen würden.

Zurzeit ist Neuseeland noch relativ dünn besiedelt, im Gegensatz zu Europa oder Asien. Doch die Tendenz steigt. Auch die Zahl der Touristen nimmt stetig zu, weshalb es niemals zu früh ist, dieses Land mit den unzähligen Möglichkeiten mit eigenen Augen zu sehen und zu erkunden.

Entdecken Sie Neuseeland und machen Sie es zu einem unvergesslichen Abenteuer.

Kleines Maoriwörterbuch

Hallo!	*Kia Ora!*
Bitte.	*Tēnā.*
Danke.	*Whakawhetai.*
Eins/ 1	*Kotahi*
Zwei/ 2	*E rua*
Drei/ 3	*E toru*
Wie geht es dir?	*Kei te pēhea koe?*
Danke, gut.	*Whakawhetai, pai.*
Wie heißen Sie?	*Ko wai tou ingoa?*
Ich heiße ...	*Ko ... toku ingoa.*
Ich komme aus Deutschland.	*No Germany ahau.*

Packliste

Geld & Finanzen

O (evtl.) Auslandswährung
O Bargeld
O Bauchtasche
O Brustbeutel
O Bauchtasche
O EC-Karte
O Kreditkarte
O Notfall-Telefonnummern der Banken
O Portmonee

Hygiene

O Haarbürste / Kamm
O Deo (klein)
O Shampoo
O Kulturtasche
O Sonnencreme
O Taschentücher

O Reise-Zahnbürste und Zahnpasta
O Verhütungsmittel

Kleidung

O Badeklamotten
O Gürtel
O Hosen kurz / lang
O Mütze / Cap / Hut
O Pullover
O Regenjacke
O Schlafanzug
O Socken
O Sonnenbrille
O Sportklamotten / Jogginghose
O T-Shirts
O Unterwäsche

Medikamente

O Blasenpflaster
O Anti-Durchfalltabletten
O Erste-Hilfe-Set

O Fiebertabletten

O Fiebertabletten

O Mückenschutz

O sonstige Medikamente

O Pflaster

O Kopfschmerztabletten

Unterlagen & Papiere

O ADAC Unterlagen

O Adresslisten für Postkarten

O Krankversicherungsnachweis

O Stadtplan

O Führerschein

O Unterlagen für die Unterkunft

O Wasserdichte Hülle für Reiseunterlagen

O Impfausweis

O Mietwagenunterlagen

O Personalausweis

O Reisepass

O Reisetagebuch

O evtl. Studentenausweis

O evtl. Visum
O Zug- / Bahn- / Flugticket

Taschen & Rucksäcke

O Koffer / Trolley / Reisetasche
O Regenhülle für Rucksack
O Rucksack

Schuhe

O Badeschlappen / Hausschuhe
O Schuhe und Wechselschuhe

Sonstiges

O Brille / Kontaktlinsen und Etui
O Buch zum Lesen
O Ohrenstöpsel und Schlafmaske
O Regenschirm
O Reisedecke
O Wasserflasche
O Wörterbuch

Elektronik

O Digitalkamera
O Handy
O Ladekabel
O Kopfhörer
O evtl. Steckdosenadapter
O Power-Bank

Herstellung und Verlag:

BoD – Books on Demand, Norderstedt

ISBN: 9783750469839

© Tatjana Wallbrück 2020

1. Auflage

Kontakt: Psiana eCom UG/ Berumer Str. 44/ 26844 Jemgum

Covergestaltung: Fenna Larsson

Coverfoto: depositphotos.com